Tachado y en Paz

Academia de Coaching y
Capacitación Internacional
Miami, USA

Tachado y en paz
Primera Edición
© Idemaris Díaz, 2014
Diseño de cubierta: Alejandro F. Romero
Editor: Dago Sásiga

All rights reserved. No part of this book may be reproduced, stored in retrieval system, or transmitted in any form or by any means, electronic, mechanical, photocopying, recording, or otherwise, except as may be expressly permitted by the applicable copyrights statutes or in writing by the author.

Manufactured in United States of America

ISBN-13: 978-0692322635 (Autoayuda)
ISBN-10: 0692322639

Para más información:

La Pereza Ediciones, Corp
10909sw 134ct
Miami, Fl, 33186
United States of America
www.laperezaediciones.com

Tachado y en Paz

Academia de Coaching y
Capacitación Internacional
Miami, USA

Autora: Idemaris Díaz

Tutor: Jeff García

Tesis para optar por la Categoría de Coach de
Vida Integral
Año 2011

ÍNDICE

Dedicatoria/ 9

Agradecimientos/ 11

Introducción/ 15

Encuesta/ 19

Capítulo 1. Inteligencia Emocional/ 23

Capítulo 2. Control/ 29

Capítulo 3. Yo/ 45

Capítulo 4. Pasado/ 57

Capítulo 5. Rencor/ 67

Capítulo 6. Perdón/ 73

Capítulo 7. Tachado/ 81

Capítulo 8. Paz/ 91

Capítulo 9. Tachado y en Paz/ 103

Referencias Bibliográficas/ 121

Dedicatoria

Este proyecto está dedicado a todas las personas que de una forma u otra han servido de inspiración en mi vida para despertar el interés en querer aprender a ser mejor cada día, y trabajar para servir de inspiración a otros.

A todas esas personas que su inspiración me ha llegado; por ejemplo, por apoyo, por amor, por admiración o por experiencias que me han hecho crecer, por ustedes he disfrutado leer, investigar y escribir, hasta realizar este proyecto.

¡Que lo disfruten!

Agradecimientos

Agradezco...

A la vida..., a ese ser existente, esa divinidad en la que yo creo, que me da las fuerzas a diario y me hace agradecer poder recorrer este camino llamado vida.

A mi padre, inspiración personificada, de quien aprendí a perseguir un sueño y a ser más grande que mis circunstancias, a no vencerme hasta lograrlo y quien yo sé, que aun desde donde me mira, vive orgulloso de mis logros y los celebra con los ángeles.

A mi madre, fortaleza personificada, de quien aprendí lo difícil y complejo de ser mamá y a su vez sentirte bendecida por serlo, a quien le debo el amor por los libros, por la palabra y por la letra.

A mi hijo, mi bendición, mi móvil, mi fuerza, de quien he aprendido lo gratificante de ver un proyecto de vida realizado y con quien aprendí el verdadero significado de la palabra amar y la inmensa capacidad que tengo para hacerlo. Gracias por hacerme pronunciar la palabra "hijo" con tanto orgullo.

A mi esposo, mi amigo, mi amante, mi alegría, mi energía, mi hermoso despertar, quien me ha enseñado que el amor es real, que existe y con quien sueño una vida eterna.

A mis hermanas y mis hermanos, gracias por estar en mi vida, por acordarme a diario lo complejo, pero hermoso de la palabra familia, si volviera a nacer no escogería otra familia.

A mis primos, mis tíos, gracias por enseñarme que familia no son sólo tus hermanos y tus padres, gracias por darme la dicha de tener más de un hogar y más de una familia.

A mis amistades, gracias por existir, gracias por ser ángeles enviados para estar cuando más los he necesitado…, gracias por permitirme la dicha de contar con ustedes y de poder deletrear la palabra "amistad".

A mi mentor y a todos los miembros de la Academia Amerilíderes, gracias por darme la oportunidad de trabajar en este proyecto, por su guía y compromiso para formar líderes profesionales y comprometidos.

A todas esas compañías que se dedican a la transformación y que trabajan a diario para formar mejores seres humanos y un mundo mejor, gracias.

Introducción

El título "Tachado y en Paz" fue escogido con el objetivo de mostrar un concepto distinto al que la mayoría de los seres humanos estamos acostumbrados, al pensar que la paz y la libertad dependen de los hechos y acontecimientos de nuestras vidas.

Si estás cansado o insatisfecho con los resultados que tienes en tu vida actualmente, te darás cuenta cuando finalices mi libro que sólo tú y únicamente tú tienes ese gran poder de cambiar los mismos. Si tu pasado te detiene allí y no te permite vivir un presente y mucho menos un futuro, debes encontrar en este libro razones suficientes para cambiar la forma en que ves ese pasado y la forma de actuar ante el presente.

El libro pretende enseñarte también, a vivir siendo responsable y protagonista de tus historias y a su vez tomar acción sobre tu vida, aprendiendo la importancia de desarrollar tu inteligencia emocional y programar tu mente para vivir en paz.

Deseo que la información y experiencias vividas, plasmadas en el libro puedan servirte de guía, viendo el mismo como una herramienta útil para ser feliz y vivir en armonía.

La jornada que estás a punto de experimentar, pretende llevarte por el camino hacia la paz y la libertad espiritual. Para ello te invito a que abras tu mente, a que no razones y sólo te dejes llevar por lo que estás leyendo. La mayoría de los seres humanos, cuando se trata de tocar nuestras emociones y nuestros sentimientos, ponemos una barrera instantánea con el propósito de protegernos. Trata por primera vez en tu vida de soltar el control y no pienses, sólo siente.

La información de este material viene de distintas fuentes, cursos, libros, artículos, información y experiencias personales que me han llevado a la interpretación, de la mejor forma de llegar a la felicidad verdadera.

.

Encuesta

Para la realización de este proyecto, una encuesta fue realizada durante los meses de junio, julio y agosto del 2011. La misma fue distribuida y contestada por 158 adultos entre los 18 a los 55 años de edad, a través de distintas páginas sociales (Facebook, MySpace, entre otras), correos electrónicos y personalmente entre Puerto Rico, Estados Unidos, Argentina, Brasil, México y Venezuela. Las preguntas tenían un "sí o no" como únicas opciones de respuesta.

A continuación, las preguntas de la encuesta y sus resultados:

1. **¿Sientes que hay cosas que quisieras tachar en tu vida?**
   149- sí

9- no

2. ¿Crees que es posible cambiar tu pasado?

    155- no

    3- sí

3. ¿Consideras que el rencor es una limitante en tu vida?

    126- sí

    32- no

4. ¿Crees que tienes el control para manejar tus emociones y sentir libertad?

    141- sí

    17- no

5. ¿Crees que a la única persona que tienes que perdonar es a ti mismo?

    123- no

    35- sí

6. ¿Te gustaría estar en armonía con el mundo?

156 sí

2- no

7. ¿Consideras que perdonar es significado de paz?

145- sí

13- no

CAPÍTULO 1
INTELIGENCIA EMOCIONAL

¿Por qué a algunas personas les va mejor en la vida que a otras?

¿Por qué algunas, con alto coeficiente intelectual y que se destacan en su profesión, no pueden aplicar esta inteligencia en su vida personal y van a la deriva, del sufrimiento al fracaso?

¿Y por qué otras con un alto Coeficiente Intelectual terminan trabajando para otras que tienen un CI más bajo, pero saben conectarse, influir y relacionarse mejor?

La respuesta está en las emociones y en la capacidad para entenderlas y manejarlas: a eso le llamamos la Inteligencia Emocional. La inteligencia emocional es parte de nuestra inteligencia global, una parte a menudo negada y menospreciada, opacada por el brillo de la razón y del Coeficiente Intelectual, más fácil de definir y medir.

La Inteligencia Emocional es un término fijado por dos psicólogos de la Universidad de Yale (Peter Salovey y John Mayer) y difundida mundialmente por el psicólogo, filósofo y periodista Daniel Goleman, el término "Inteligencia Emocional" (IE) según David Goleman se refiere a la capacidad de reconocer nuestros propios sentimientos, los sentimientos de los demás, motivarnos y manejar adecuadamente las relaciones que sostenemos con los demás y con nosotros mismos, es la habilidad que nos permite percibir, comprender y regular nuestras emociones y las de los demás.

Hoy sabemos que es la inteligencia emocional y no la inteligencia entendida de forma tradicional, la que mejor predice el éxito futuro de una persona y no sólo eso, sino que también predice su felicidad. Las personas con alta inteligencia emocional alcanzan mayor éxito en la vida y se perciben a sí mismas como más felices que las personas con baja inteligencia emocional.

El éxito profesional no depende de la inteligencia; son las variables emocionales y sociales las que marcan la diferencia. Los adultos que obtienen éxito profesional y personal en sus vidas no fueron aquellos niños con CI más elevados, o aquellos que mejores notas sacaban en el colegio, sino aquellos que mejor supieron entender a los demás, que se interesaron por las personas más que por las cosas y que construyeron redes sociales sólidas. Pero no sólo el éxito profesional viene determinado por las habilidades emocionales, también la propia satisfacción con la vida, la felicidad en términos más coloquiales, guarda relación con ellas y no con las habilidades intelectuales.

Cada vez más, todo depende del tipo de relación que mantengamos con nosotros mismos, del modo en que nos relacionemos con los demás, de nuestra capacidad de liderazgo y de nuestra habilidad para trabajar en equipo. Estos son los elementos que ya y mucho más en el futuro van a determinar la realidad del mundo laboral. Es otra forma de ser inteligente, es lo que llamamos Inteligencia Emocional, esa habilidad para dirigir los sentimientos y emociones, saber discriminar entre ellos y usar esta información para guiar el pensamiento y la propia acción.

Estar conscientes de nuestras emociones nos llevará a adquirir habilidades emocionales que nos permitirán un mejor desarrollo humano. Estas habilidades tienen un efecto en nuestra vida personal, de trabajo y socialmente, por ello cabe decir que mientras más habilidades emocionales tengamos, más cerca del éxito estaremos.

Para desarrollar en nosotros habilidades emocionales no basta con la comprensión conceptual. Es necesario tomar conciencia de lo que queremos mejorar y por qué queremos hacerlo, sentir empatía, ayudar para el desarrollo de otros y mejorar habilidades para manejarnos en equipo.

Estas habilidades emocionales sólo nos llevarán a un mejor bienestar físico, pues estar atento a nuestras emociones y sensaciones, contribuye a nuestra buena salud física, moderando o eliminando patrones y/o hábitos psicosomáticos dañinos o destructivos y previniendo enfermedades producidas por desequilibrios emocionales permanentes (angustia, miedo, ansiedad, ira, irritabilidad, etc).

Las emociones determinan cómo respondemos, nos comunicamos, nos comportamos y funcionamos en todas las áreas de nuestra vida.

Para aprender a desarrollar esa inteligencia emocional y controlar esas emociones debemos comenzar por entender nuestra mente y aprender a controlarla, para ello te invito a que pases al próximo capítulo.

"No somos responsables de las emociones, pero sí de lo que hacemos con las emociones".

Jorge Bucay

CAPÍTULO 2
CONTROL

Significado de **Control:** Dominio que una persona tiene de sus propias emociones, ideas o actos

¿Consideras que tú tienes el control para manejar tus emociones y sentir libertad? El 89% de las personas encuestadas contestó que sí a esta pregunta; sin embargo, la mayoría de las personas, a pesar de saber que tienen el control, viven la vida permitiendo que sean muchas otras cosas las que controlen sus emociones y su libertad, sin darse cuenta que nuestra mente juega el papel más importante en nuestras vidas y que es la que guía nuestras decisiones y reacciones.

Para poder guiar el pensamiento y la propia acción debemos entender que tenemos una mente y debemos aprender a utilizarla. Una vez aprendamos a utilizar nuestra mente sabremos controlarla y por ende controlar nuestras emociones y nuestras acciones.

Todo lo que necesitamos para triunfar y vivir una vida plena y feliz se encuentra en el control de nuestra mente. Si analizamos el significado de control, notamos que es el dominio que tenemos de nuestras emociones, ideas o actos, entonces si tenemos el control de nuestra mente, tendremos el control de nuestra vida.

Es por eso importante tener en cuenta la información que almacenamos en nuestra mente. Nosotros tenemos la libertad de alimentar nuestra mente con ideas para triunfar o fracasar. Lo único que debemos hacer es preguntar, escuchar y confiar. Sólo así lograremos despertar al genio que se encuentra en nuestro interior. Tú tienes la capacidad de rechazar o aceptar de manera consciente cualquier información que te llegue del exterior. Tú y sólo tú eres el responsable de crear buenos o malos programas mentales.

Como me imagino que esto debe sonarte demasiado fácil para ser real, o probablemente rechazas tal cosa como una realidad, déjame llevarte a conocer que es la mente y demostrarte cómo ella puede ser tan poderosa como para lograr controlar toda tu vida.

La mente puede ser dividida en consciente, subconsciente e inconsciente y surge de nuevo con cada ser humano que viene a la vida, nace y crece y se desarrolla hasta la muerte biológica del ser humano.

La mente graba todo lo que hemos vivido, lo que hemos visto, oído, hecho y experimentado. Al principio esa información la tenemos en el consciente, pero a medida que va pasando el tiempo, los registros van pasando del consciente al subconsciente y por último al inconsciente.

La parte Consciente: Es aquella parte de la mente que se encarga de percibir la realidad de la que el sujeto se da cuenta y que puede describir sin esfuerzo. La percepción, los recuerdos, los pensamientos…

La parte Subconsciente: Conoce las cosas que hemos sabido, pero que temporalmente olvidamos ya en el consciente. Con un poco de esfuerzo podemos volver a recordar y traerlas al campo de lo consciente.

La explicación de esto es que la mente tiene que dejar libre la parte consciente, o sea, la conciencia, para poder recibir estímulos nuevos y así poder ser grabados.

La parte Inconsciente: Es la sección mental más grande y oculta de la mente donde reposan innumerables experiencias que hemos vivido desde la niñez y que son imposibles de recordar. Están presentes en forma de impulsos, impresiones, pensamientos incontrolados y recuerdos reprimidos: activos e impulsivos.

En el mundo espiritual, es precisamente en el inconsciente donde se cree que está nuestro verdadero Yo, es el lugar de donde reaccionamos, las cosas que permitimos que lleguen a este lugar nos afectarán toda la vida.

La mente subconsciente es muy simbólica y metafórica. Los síntomas o manifestaciones externas como enfermedades, adicciones, conductas destructivas o de cualquier otro tipo se ven como metáforas simbólicas de la experiencia interna de una persona y se presentan como soluciones inconscientes a los conflictos internos.

Por ejemplo, cuando una persona le gustaría hacer una cosa y por una razón u otra nunca puede hacerla, indicaría que hay un conflicto entre la mente consciente y una parte de la mente subconsciente.

La mente subconsciente no discute, sólo se limita a responder de acuerdo con la naturaleza de nuestros pensamientos o sugerencias. Innumerables demostraciones hechas por sicólogos en personas en estado hipnótico, han probado que el subconsciente es incapaz de seleccionar y hacer comparaciones necesarias en el proceso del raciocinio, demostrando repetidamente que la mente subconsciente aceptará cualquier sugerencia aunque sea falsa. Desde el momento que la acepte, responderá de acuerdo con la naturaleza de las sugerencias dadas.

Si creemos firmemente que algo es verdadero, aun siendo falso, la mente subconsciente lo aceptará como verdadero y procederá a obtener resultados, los cuales vendrán necesariamente porque el subconsciente los aceptó como verdaderos.

Ejemplo de ello es el de un científico de Phoenix, Arizona, quien quería probar una teoría. Necesitaba un voluntario que llegase a las últimas consecuencias. Lo consiguió en una penitenciaría. Era un condenado a muerte que sería ejecutado en la penitenciaría de St. Louis, en el estado de Missouri, donde existe la pena de muerte ejecutada en la silla eléctrica.

Propuso lo siguiente: Él participaría en un experimento científico, en el cual sería hecho un pequeño corte en el pulso, lo suficiente para gotear su sangre. El tenía la probabilidad de sobrevivir, en caso contrario, fallecería con una muerte sin sufrimiento ni dolor. El condenado aceptó, pues era preferible eso a morir en la silla eléctrica. Además, tenía una oportunidad de sobrevivir.

El condenado fue colocado en una cama alta de hospital y amarraron su cuerpo para que no pudiera moverse. Hicieron un pequeño corte en su pulso. Abajo de su pulso, fue colocada una pequeña vasija de aluminio. Se le dijo que oiría su sangre gotear en la vasija. El corte fue superficial y no alcanzó ninguna arteria o vena, pero fue lo suficiente para que él sintiera que su pulso fue cortado.

Sin que él supiera, debajo de la cama había un frasco de suero con una pequeña válvula. Al cortar el pulso, fue abierta la válvula del frasco para que él creyese que era su sangre la que caía en la vasija. Cada diez minutos el científico, sin que el condenado lo viera, cerraba un poco la válvula y el goteo disminuía.

Mientras tanto, el condenado creía que era su sangre la que estaba disminuyendo. Con el pasar del tiempo fue perdiendo color, quedando cada vez más pálido. Cuando el científico cerró por completo la válvula, el condenado tuvo un paro cardíaco y murió, sin siquiera haber perdido una gota de sangre.

El científico consiguió probar que la mente humana cumple, al pie de la letra todo lo que le es enviado y aceptado por el individuo, sea positivo o negativo, y que tal acción envuelve a todo el organismo, sea en la parte orgánica o psíquica.

En cada uno de nosotros, tenemos a nuestra disposición la oportunidad de entender y aprovechar los poderes ilimitados de la mente. Cada persona está conectada neurológicamente para el éxito y cuando descubrimos y realizamos nuestro potencial hacemos una gran contribución a un mundo mejor. Sacando nuestro potencial podemos lograr vivir plenamente, y a la vez lograr los objetivos y metas que más deseamos.

Como buen sistema de información avanzado, es posible programar la mente para obtener la respuesta esperada. Las áreas de la mente que son programables son la memoria, la "base de datos" de creencias, expectativas y miedos, las emociones, y procesos a ejecutar en segundo plano.

Efectivamente es posible programar las creencias limitadoras. Lo curioso es que nosotros mismos no somos conscientes de estas limitaciones que tenemos autoimpuestas, ya que se encuentran en un nivel profundo de la mente. Es necesario hacer un ejercicio de introspección para sacarlas a relucir, ya sea uno mismo, o con ayuda de especialistas.

Esta es la herramienta más apropiada para hacer esos cambios internos, si no estamos conformes con los resultados actuales exteriores, debemos buscar la causa en nuestro interior, ya que nuestro interior crea nuestro exterior. Con una palabra hablada estamos creando algo, la repetición crea un archivo mental, de ese archivo mental surge un pensamiento, ese pensamiento nos lleva a sentimientos, los sentimientos nos llevan a una acción y de la acción se producen los resultados.

Nuestros propios pensamientos también reprograman nuestra mente. Debemos estar conscientes de cuáles son nuestros pensamientos predominantes. ¿Son pensamientos de optimismo? ¿Alegría? ¿Positivos? O, ¿son de pesimismo? ¿Críticas y negatividad?

Podemos darnos cuenta cuando hablamos con los demás, cómo el subconsciente nos puede traicionar.

Debemos hacer el esfuerzo de reemplazar los pensamientos y el lenguaje negativo por los análogos positivos, ya que esto ayuda a empujar la balanza hacia el lado optimista de la vida. Si la programación es negativa así mismo serán los resultados, si la programación es positiva, así mismo lo serán los resultados también.

Debemos asegurarnos que llevamos nuestra mente por el camino adecuado y hasta donde nos sea posible, ser consciente o darnos cuenta de las cosas, de lo que pensamos y sentimos. Debemos guiar la mente para que lo que la misma genere y construya diariamente, sea positivo, pues somos nosotros los responsables de lo que le permitimos y cómo la dirigimos.

La pregunta es: ¿Cómo logramos mantener este control? El principio es precisamente conocer el funcionamiento de la mente, cuando se ignora este funcionamiento se obstaculizan las respuestas y nace una desconfianza en la mayoría de nosotros y la desconfianza viene siendo la principal razón del fracaso en los seres humanos.

El verdadero secreto consiste en aprender a conocer y utilizar nuestra mente a nuestro antojo, manejarla como queremos, desasociarnos de cada pensamiento negativo o conflictivo que ésta genere y responder como una tercera persona. Es literalmente como si tuviéramos a una persona viviendo dentro de nosotros, esa persona (*tu mente*) está ahí y se quedará ahí para siempre, así que ¿Por qué no mejor hacerla trabajar para nosotros?

Sin embargo, nos resulta difícil creer en nosotros mismos y pasamos la vida en confusiones mentales que no nos conducen a ningún lado. Tenemos la opción de considerar la vida como un banco de experiencias útiles y necesarias para crecer y disfrutar evolucionando; o ver la vida como un gran valle de lágrimas donde reina el sacrificio, la lucha y el sufrimiento.

La gran diferencia entre ambos puntos está en la propia mente y en la manera de concebir el mundo.

Durante la Segunda Guerra Mundial, murieron trescientos mil soldados americanos; sin embargo, durante ese período de tiempo, murieron un millón de norteamericanos. ¿Sabes por qué? Por causa de los pensamientos negativos, pues la ansiedad y la depresión que causan esos pensamientos es lo que causa que las personas se mueran de enfermedades tales como el estrés, los ataques al corazón, los suicidios y muchas causas más. En proporción, como se ve a simple vista... llevar una actitud mental negativa es peor que ir a la guerra.

Conoce tu mente y asegúrate de tomar el control de tu vida. Decide cómo poner tu mente subconsciente a trabajar para ti ¡Tú decides!!

"Nada sobre esta tierra puede detener al hombre que posee la correcta actitud mental para lograr su meta. Nada sobre esta tierra puede ayudar al hombre con la incorrecta actitud mental".

Thomas Jefferson

CAPÍTULO 3

YO

Significado de **Yo**: *Pronombre personal de primera persona de singular*

¿Te has preguntado quien eres realmente? ¿Qué es lo que tu corazón te dicta? ¿Estás viviendo realmente lo que tú y tu corazón quieren?, o, ¿estás complaciendo a tus padres? ¿Tu pareja? ¿Tus hijos? O quizás tan siquiera estás viviendo..., estás sobreviviendo.

En el capítulo anterior hablamos sobre nuestra mente y el poder que la misma tiene, pero también aprendimos que somos nosotros los que le permitimos cómo funciona para nuestro beneficio o para nuestra desventaja. Es por ello importante que comencemos por hacer ejercicios de introspección y conocernos a nosotros mismos. Cuando hablamos de "yo", su significado indica que es el pronombre personal de primera persona singular; he ahí su importancia, no existe nadie más, es singular, SOY YO y nadie más.

Es importante que aprendas a reconocer tus propias emociones y sus efectos, saber qué emociones estás sintiendo y por qué, comprender los vínculos existentes entre tus sentimientos, tus pensamientos, tus palabras, y tus acciones.

Cuando tienes conciencia de ti mismo, eres capaz de saber lo que estás sintiendo y de utilizar tus preferencias para guiar la toma de decisiones basada en una evaluación realista de tus capacidades y en una sensación de confianza en ti mismo.

Tener una adecuada valoración de ti mismo te ayudará a conocer tus recursos, tus capacidades y tus limitaciones internas, y de esta forma aprenderás a ser consciente de tus puntos fuertes y de los débiles, dando espacio a la oportunidad de aprender de las experiencias.

Una sensación clara de tu valor y de tus capacidades te ayuda a mantener la confianza en ti mismo, aprendiendo incluso a expresar puntos de vista distintos y defender, sin apoyo de nadie lo que consideras correcto. Siendo ésta la mejor manera de lograr ser capaz de tomar decisiones importantes, a pesar de la incertidumbre, de las presiones o de lo que los demás piensen o quieran.

Hace un tiempo atrás hice un ejercicio de introspección (sola conmigo). Recuerdo estar sentada en el balcón de un apartamento que tenía en un piso quince. Mirando todo un horizonte, me senté a contestarme todas esas preguntas que te hago a ti. "¿Ide, qué realmente quieres?

¿Quién eres? ¿Qué realmente quiere tu corazón?"

La vida que llevaba en ese momento era probablemente envidiada o deseada por muchos, contaba con un excelente trabajo, buen salario, soltera, un apartamento hermoso y la libertad de hacer prácticamente lo que yo quisiera.

Cuando logré preguntarme desde lo más profundo de mi corazón sin tener que contar con el resto del mundo, me di cuenta que era hora de comenzar una vida nueva llena de cosas reales, al menos reales para mí y eso era lo que importaba…, vivir lo que yo quería vivir en ese momento.

Los cambios que realicé para lograr vivir una vida plena y llena de libertad fueron muchos: trabajo, lugar, país, costumbres, entre otras cosas, pero el cambio más importante era decidir para mí, conmigo y por mí. Pues lo que la gente pensara no importaba, lo que perdiera materialmente no importaba, lo que importaba era buscar mi felicidad, encontrarme conmigo y vivir lo que verdaderamente quería vivir. Me di cuenta que a veces, tenemos que sacrificar unas cosas para ganar otras, hay que dejar ir y dar espacio para recibir.

De nada sirve todo el conocimiento científico del mundo si no nos conocemos a nosotros mismos.

Yo te invito a que estudies desde lo más profundo de tu alma, ¿Cuál es tu verdadero yo? y ¿Qué reflejas en tu comportamiento diario? ¿Qué dicen tus palabras, tus acciones, tus pensamientos?... ¿Estás viviendo tus sueños, eres realmente feliz? ¿Qué quiere tu corazón?

Tómate el tiempo de encontrarte tú contigo, pon tu mano en el corazón y siente lo que realmente quieres, permite que las respuestas salgan de lo más profundo de tu ser, no de los pensamientos programados con los que ya estás familiarizado. Estamos acostumbrados a complacer, a conformarnos, a vivir para hacer feliz a nuestros padres, a nuestros hijos, a nuestra pareja, a nuestro jefe, a la sociedad, pero, ¿realmente buscamos la forma de ser felices nosotros?

Existe una diferencia muy grande entre hacer feliz y ser feliz, es evidente que sólo podemos hacer felices a otros cuando lo somos nosotros, entonces tenemos que comenzar por ahí.

Es frecuente ver personas que con cualidades brillantes, han fracasado en la vida simplemente por no entender lo dicho; mientras que otros con menores cualidades, fortalezas o talentos, han triunfado, sólo aplicando sus potencialidades conforme a sus posibilidades.

El conocerse bien es la llave con la que se puede abrir la puerta de la felicidad. Dicen que quien vence a otros es fuerte, pero quien se vence a sí mismo es poderoso.

Conócete a ti mismo, para que vivas así una vida consciente, feliz y llena de paz. Luego de conocerte bien, ya que no basta creer conocerte; es ACEPTARTE TAL COMO ERES: con tus defectos y cualidades. No envidies ni menosprecies a otros por las cualidades o defectos que ves en ellos. El añorar las cualidades de otros trae muchos daños y sufrimientos, y el juzgar es sólo un reflejo de tus carencias.

Trabaja para creer en ti y en confiar en que tienes todo lo necesario para ser exitoso.

La autoestima es el entendimiento valorativo de nuestro ser, es decir, el acto racional de valorar en cualquier momento y bajo cualquier circunstancia el cuerpo y la mente que conforman nuestra personalidad.

La autoestima es un proceso interno que comienza con aceptarse uno mismo, con el perdón de nuestros errores y el convencimiento positivo de que cada día podemos ser mejores sin llevar a cuestas las culpas del pasado.

¿Cómo hacer para lograr tener esa capacidad de manejarnos a nosotros mismos? Tal pareciera que es más fácil pretender manejar nuestros hijos, nuestras familias, nuestros compañeros de trabajo, nuestros amigos…, pero que tal empezar por manejarnos nosotros mismos.

Tenemos que comenzar por conocernos a nosotros mismos. En el momento que dentro de nosotros se cambie la forma de responderle a la vida, ésta cambiará y en el instante que se cambie la actitud mental, el mundo de las formas aparece nuevo y distinto. Todos los humanos tienen la capacidad de cambiar el exterior sólo por el hecho o efecto de la renovación interior.

Si pretendemos vivir para otros y a costa de otros, si nuestra felicidad depende de hacer feliz a otros o de que otros nos hagan felices a nosotros, entonces nunca lograremos sentir verdadera felicidad, pues la misma depende únicamente de nosotros.

La apreciación que tenemos de nosotros mismos, será lo que veamos reflejado en los demás. Mientras que no tomemos conciencia del ser interior que nos habita y respetemos nuestra propia fe, participando activamente en nuestra vida interna; siendo protagonistas de nuestra historia, mientras no valoremos nuestro potencial; mientras no nos consideremos merecedores de felicidad, no lograremos el respeto de los demás, ni seremos tenidos en cuenta, ni disfrutaremos de la abundancia y de la misma forma ocurrirá con los ingresos, la suerte o el éxito en el amor.

El crecimiento personal es un proceso de transformación y desarrollo, a través del cual una persona trata de de adoptar nuevas formas de pensamiento y adquirir una serie de cualidades que mejorarán la calidad de su vida. Mediante la superación, el ser humano pudiera alcanzar un estado de satisfacción consigo mismo y con las circunstancias físicas y emocionales que lo rodean y de esta forma poder disfrutar de una vida mejor, una vida de libertad y una vida de paz.

Somos nosotros mismos quienes conspiramos en contra de nosotros y de nuestra superación, somos expertos en sabotearnos, en llenarnos de sentimientos de angustia, miedo, rabia y desilusión cómo si no tuviéramos el control sobre ellos y cómo si no fuéramos capaces de decirnos "ya no me voy a sentir así y punto". Nos llenamos de miedos y los tapamos con excusas esperando el mejor momento o el minuto adecuado para cambiar nuestras vidas sabiendo que ese momento sólo va a llegar cuando nosotros mismos lo elijamos. Si hay algo que nunca se debe posponer es la felicidad y esa toma de decisión para convertirnos en seres plenos y llenos de paz.

La transformación no llega por sí sola, los cambios no ocurren solos, se requiere de determinación, de acciones concretas, de planificación, de esfuerzo de trabajo continuo.

La transformación no es un proceso fácil, pues para ello tenemos que dejar atrás formas de pensar, hábitos y comportamientos que se han ido adquiriendo a través de muchos años, pero este proceso de cambio es una oportunidad de renacer a una nueva realidad a una nueva vida de paz y de felicidad. Para obtener resultados distintos en la vida, tenemos que tomar decisiones distintas y actuar de modo distinto. Si sabemos que lo que tenemos actualmente no nos funciona, tenemos que trabajar para ganar resultados que si nos funcionen.

Tener una conciencia mayor de lo que somos, de lo que sentimos, nos llevará a desarrollar cierta sofisticación con respecto a nuestra vida, brindándonos una mayor oportunidad de entendernos, aceptarnos y ser felices, primero con nosotros mismos y luego con el resto del mundo.

"Preocúpate más por tu carácter que por tu reputación. Tu carácter es lo que realmente eres, mientras que tu reputación es sólo lo que los otros creen que tú eres".

Dale Carnegie

CAPÍTULO 4
PASADO

Significado de **Pasado**: Que ha existido o sucedido en un periodo de tiempo anterior al presente o inmediatamente anterior al presente

¿Te consideras preso de tu pasado? ¿Crees que es posible cambiar tu pasado? El 98% de las personas en la encuesta realizada contestaron que consideran imposible cambiar su pasado. Es la pregunta que más me llama la atención de la encuesta, pues es el vivo ejemplo de la percepción que tiene la mayoría de lo que es ese "monstruo" llamado pasado. La realidad es que los hechos de tu pasado no los puedes cambiar, pero si puedes cambiar la forma en que ves los mismo, por ende la forma en que miras tu pasado y la forma en que utilizas tu pasado para vivir tu presente. Cambiando la percepción que tenemos de lo que pasó podría asegurar que cambiaría lo que es el pasado como tal y como consecuencia tu presente y tu futuro.

Como lo describe su definición, pasado es algo que ya sucedió en el minuto en que ocurrió ya deja de ser presente y se convierte en pasado, la pregunta es: ¿Vale la pena vivir en algo que ya pasó? ¿Vale la pena vivir preso de sucesos que ya ocurrieron y que no podemos hacer nada para borrarlos?

El pasado es el tiempo que pasó y que, en una línea cronológica, ha quedado atrás. Se conoce como pasado tanto a dicho tiempo como a las cosas que sucedieron en él. Si utilizamos los eventos ocurridos y nuestra historia como aprendizaje para no cometer los mismos errores, y como experiencias para aplicarlas en nuestro presente y futuro, entonces no hay problema, el problema viene cuando nos quedamos pegados a eventos que sólo nos sirven de atraso en nuestras vidas.

¿Dónde te encuentras tú ahora mismo? Es preciso que sepamos cuando se acaba una etapa en la vida. No podemos permanecer en ella más tiempo del necesario porque perdemos la alegría y el sentido del resto. Es importante cerrar ciclos y dejar ir momentos en la vida que se van terminando. No podemos vivir el presente añorando el pasado, ni preguntarnos por qué sucedió lo que sucedió, hay que soltarlo y desprenderse. No podemos ser niños eternos ni adolescentes tardíos. Los hechos pasan y hay que dejarlos ir.

El pasado ya pasó, no esperes que te lo devuelvan, la vida funciona hacia adelante, nunca hacia atrás. Tú no eres la misma persona que fuiste hace dos días, tres meses ni hace un año, por lo tanto no hay nada a que volver. Cierra la puerta, pasa la página y cierra el círculo. Ni tú serás el mismo, ni el entorno al que regresas sería igual, porque en la vida nada está estático, está en constante movimiento.

Debemos pasar por el proceso de desprender, soltar las costumbres, los apegos y la necesidad. Cerremos ciclos, clausuremos, limpiemos, desprendámonos y soltemos.

Si tomamos responsabilidad de nuestra vida y entendemos que sólo nosotros tenemos el poder de manejar nuestra mente y nuestras circunstancias, entonces comenzaremos a vivir partiendo del protagonismo de nuestra historia.

Es precisamente ahí, en ese momento, cuando decidimos como queremos ver nuestro pasado.

Tenemos la opción de utilizarlo como herramienta para continuar o tenemos la opción de seguir llorando, sufriendo, amargándonos por eventos que no aportan nada positivo a nuestro presente y nuestro futuro. Si seguimos partiendo de que somos responsables de nuestros pensamientos y tenemos el poder de elegir como vemos las cosas, entonces tenemos el poder de elegir como vemos el pasado y como permitimos que el mismo siga controlando nuestro presente.

En una reunión entre amigos, escuché la siguiente pregunta: "¿Si les pudieran regalar un año de felicidad a cada uno de ustedes, pero que al final del año se les borrara lo que vivieron ese año, lo tomarían?"

La mayoría de las personas contestó que no, por el simple hecho de que al final olvidarían lo vivido. Luego, cuando le preguntaron si era más importante el pasado o el presente, contestaron que el presente. Es una pregunta pensada simplemente para demostrar como la mayoría de las personas viven pegadas al pasado y le dan más importancia al mismo, aunque con la boca digan que el presente es más importante. Es una simple confirmación de que los seres humanos vivimos llenos de paradigmas que nos cuesta mucho desechar. Es prueba de cómo el subconsciente habla y nos traiciona sin darnos cuenta.

¿Cómo es posible que puedas contestar que tu presente es más importante que tu pasado y que no seas capaz de darte la oportunidad de vivir un hoy, por el simple hecho de que más adelante olvidarías lo que para ese entonces sería pasado?

La vida hay que vivirla cada momento, disfrutando cada día como si fuera el último, nunca sabemos hasta cuando tenemos ni nosotros, ni los seres humanos que amamos, por eso tenemos que soltar los apegos y los estanques en un pasado, hay que vivir el presente. La vida es hoy y ahora y cada momento de felicidad que llegue, no se puede dejar para otro momento, hay que vivirlo cuando llega.

No reaccionamos a la realidad, sino a lo que cada quien tiene como realidad, porque en vez de vivir en el mundo, individualmente cada quien vive en su propio mundo interior, construido con las ideas que le han inculcado desde la primera infancia, que con el tiempo y los años se han formulado dentro de su mente.

Si una taza de café está llena, ya no le cabe una gota de leche y lo mismo sucede con nuestra mente, si la llenamos con ideas del pasado y no se vacía, ya no caben las ideas del presente ni mucho menos podemos crear nuestro futuro.

Hay que dar espacio al presente y para ello debemos soltar el pasado.

No significa que quieres desandar lo andado, no intento pedirte que borres ni olvides tu pasado, eso sería querer borrar parte de tu historia y esa no es la idea, se trata de cómo manejamos esos eventos en nuestra mente, cómo aprendemos de lo vivido para ser mejores humanos cada día y cómo utilizar nuestro aprendizaje para vivir en plena libertad y plena felicidad. Aprender que tenemos el poder de elegir ver nuestro pasado como eso y elegir vivir nuestro presente, disfrutando del mismo.

Si tu pasado te tiene alejado de personas que amas, si por un pasado dejas oportunidades pasar, si lo que te dijeron en tu pasado te detiene del presente que quisieras, si tu pasado tiene a personas de tu presente pagando los precios de tu pasado, entonces es momento de actuar. No desperdicies energía en tu pasado, disfruta tu presente, tu momento es hoy y ahora.

"Albergar la ira es como agarrar un carbón hirviendo con la intención de lanzárselo a alguien. Es uno mismo el que termina quemándose".

Buddha

CAPÍTULO 5
RENCOR

Significado de **Rencor**: Sentimiento de hostilidad o enemistad hacia una persona motivado por una ofensa, daño o perjuicios sufridos

¿Consideras que el rencor es una limitante en tu vida? En la encuesta realizada un 80% considera que el rencor es una limitante en su vida. Increíble pensar que el porcentaje de personas que reconocen que vivir con rencor les limita y les aleja de la felicidad y la libertad, es mayor, sin embargo es una de las principales razones por las que no avanzan, aun teniendo ese conocimiento.

He hablado en mis capítulos anteriores sobre cómo somos responsables de manejar nuestra vida, nuestros sentimientos y nuestra mente, entonces por qué no controlar ese rencor y asegurarnos de que no sea este sentimiento, el que se apodere y nos separe del lugar donde queremos estar.

El significado de "rencor" indica ser un sentimiento de hostilidad o enemistad motivado por una ofensa o daños sufridos. Pero, ¿quién realmente sufre ese daño? ¿Realmente el daño lo causó la persona o fuiste tú quien te permitiste y te diste la oportunidad de sentir ese dolor? No significa que no hayan personas que intenten hacernos daño en el camino de nuestra vida, pero tenemos que aprender a elegir cada sentimiento, a controlar como decidimos sentirnos referente a los hechos que ocurren en el transcurso de nuestra vida. No nos sirve de nada quedarnos estancados en un sentimiento de rencor que nos detiene y no nos permite avanzar.

Realmente, ¿has analizado qué, si algo positivo, ganamos cuando vivimos con el sentimiento de rencor? ¿De qué realmente sirve? Somos los mejores en permitir que ese orgullo se apodere de nosotros, le ponemos toda la energía y emoción cuando de rencores y sentimientos negativos se trata, incluso estamos tan convencidos, que no ponemos límites en convencer a los demás de cuanta justificación tenemos en sentir semejante rencor o semejante rabia… ¿Para qué? ¿Cuál es el beneficio, si hay alguno? ¿Qué logramos?

Yo diría que podemos lograr algo cuando permitimos que se anule ese sentimiento de rencor y elegimos darle paso al amor, al perdón, al entendimiento, a la comprensión, a la misericordia…, es en ese momento que nos llega la gran satisfacción de paz.

Te garantizo que el día que elijas remplazar el rencor por el perdón sentirás una paz interior que te permitirá sonreír más en las mañanas, sentirte mejor en las tardes y dormir mejor en las noches.

Intenta por una vez en tu vida acostarte libre de ataduras, libre de rencores aprende a perdonar, a mirar incluso a tus ofensores con misericordia y lograrás respirar un aire más puro y te permitirás llenar ese nuevo espacio en tu corazón con cosas nuevas y buenas.

El odio, el rencor, el resentimiento y el deseo de venganza son los que corroen tu interior o como lo quieras llamar, tu espíritu, tu alma y muchas veces también el cuerpo. Porque nuestro cuerpo es un reflejo de nuestros sentimientos, cómo nos movemos, cómo caminamos, cómo abrazamos y cómo nos expresamos con el cuerpo, es el puro reflejo de todo lo que llevamos dentro.

Los rencores te alejan de disfrutar el sueño relajado, por más que quieras combatirlo o tomes pastillas. No es el mucho trabajo lo que fatiga, ni desequilibra el sistema nervioso, sino esas luchas interiores que tenemos dentro de nosotros mismos. Para vencer en estos combates hay que utilizar el arma secreta…, tachar y olvidar.

Para llegar a esto hay que ser práctico y constante, comprender que la resistencia que tenemos para olvidar no es más que orgullo, soberbia, vanidad, egoísmo de nuestra parte. Queremos ser más justos y exigimos que otros sean conforme nos parece a nosotros. Creemos que nosotros siempre tenemos la razón porque simplemente nos ciega el orgullo.

Piensa un poco antes de acostarte, si tienes algún rencor en tu corazón arráncalo de verdad. De ahí en adelante, podrás dormir bien, te levantarás cambiado y gozarás del nuevo día e incluso de una nueva vida.

Siendo tan importante este asunto merece que le dediques tiempo, que reflexiones con calma, dejando que sea tu inteligencia iluminada la que actúe y no las pasiones que ciegan tu sabiduría con el entendimiento logrando que se tomen decisiones absurdas.

"No dejes que muera el sol
sin que mueran tus rencores"
Ghandi

CAPÍTULO 6
PERDÓN

Significado del **Perdón**: *Acción y resultado de librar a una persona de una deuda, un castigo o una obligación*

¿Crees que perdonar es significado de paz? ¿Te has preguntado alguna vez, si a la única persona que tienes que perdonar es a ti mismo? En la encuesta realizada, el 92% contestó que perdonar es significado de paz; sin embargo, en la segunda pregunta, sólo el 22% contestó que es a ellos a quien tienen que perdonar.

Si analizamos el significado de perdón, vemos que es una acción de librar a una persona de un castigo o una obligación, su propio significado lo describe, pues es que tener la necesidad de perdonar es vivir con castigos dentro de nosotros mismos, sobre todo cuando sentimos rabia, dolor y amargura por culpar a ese o esa que tanto daño nos ha hecho. La realidad es que el perdón no libra a esa persona del daño que te hizo, simplemente te libra a ti de ese sentimiento negativo, que no te permite evolucionar ni vivir en plena paz y libertad.

El perdón es capaz de borrar lo que ni el tiempo ni la memoria es capaz de borrar. Cuando aprendemos a perdonar aprendemos a librarnos de ataduras que lo único que logran es amargar el alma y enfermar el cuerpo.

Perdonar no significa que estés de acuerdo con lo que pasó, ni que lo apruebes, no significa dejar de darle importancia a lo que sucedió, ni darle la razón a alguien que te lastimó…, simplemente significa dejar de lado aquellos pensamientos negativos que nos causaron dolor o enojo.

El perdón se basa en la aceptación de lo que pasó y en que usemos nuestro poder para pasar al próximo nivel, no quedarnos estancados en un sentimiento, se trata de pasar a lo próximo.

Al igual que cualquier ser humano que haya recorrido el camino llamado "vida", he experimentado el rencor, pero por suerte, también el perdón. Pasé muchos años de mi vida con un enorme listado de personas a las que debía perdonar, en ese listado tenía hasta el ser que me dio la vida, pues era mucho más fácil para mí culpar a otros que tomar responsabilidad de mi vida, de mis hechos y de mis circunstancias.

Toma mucho valor el tomar protagonismo de tu propia vida, pues estamos adoctrinados para ser víctimas, para regalarle la responsabilidad al primero que se aparezca en nuestras vidas, es mucho más fácil que parar y entender que tú y sólo tú eres el único responsable de tu vida y tus circunstancias.

Los años que viví con rabia fueron muchos, incluso hoy día, considerándome un ser lleno de paz y felicidad, aún guardo en mi cara expresiones de los años de amargura que viví, que sin darme cuenta cambiaron hasta mi rostro…, y no fue hasta descubrir que no era ni mi mamá, ni mi hermano, ni mi crianza, ni mi ex, ni aquel ni el otro los responsables de nada, era yo la que tenía el poder de vivir de otra forma.

Somos expertos en culpar a nuestros padres y nuestra crianza por lo que somos de adultos y es que es la forma más fácil. Los paradigmas con los que cargamos son más difíciles de romper, que lograr entender que tenemos la responsabilidad de todo, incluso de lo que somos como adultos. Logramos ser felices cuando entendemos que nuestros padres hicieron lo que a su entendimiento era correcto, hicieron lo que podían con la información que tenían y las herramientas que contaban. Son seres humanos y debemos aprender a mirarlos con misericordia con amor y concentrarnos en las cosas positivas que aportaron a nuestras vidas, las que no sean tan positivas deséchalas, lo que no sirve se elimina.

Cuando te quedas con basura dentro de tu casa por mucho tiempo, notarás que un olor desagradable se apoderara de la misma, entonces para que guardar basura dentro de nosotros, soltemos lo que no nos sirve y lo que no nos funciona.

El perdón se debe realizar sin esperar que nada suceda. Si esperamos que el agresor acepte su error, estaremos esperando en vano y gastando nuestro tiempo y nuestras energías en una disculpa que jamás llegará. Si estamos esperando esa reacción de la otra persona, luego de haber perdonado, pues realmente no perdonamos de corazón, pues seguimos esperando una retribución, seguimos anclados en el problema, en el ayer, queriendo que nos paguen por nuestro dolor.

Sabrás que perdonaste verdaderamente cuando logres hablar o pensar en esos hechos que te causaron tanto dolor y no sientas ese dolor. La comparación más cercana que pudiera hacer es la de un dolor de muela o de oído. Si alguna vez has sentido un dolor muy fuerte, recordarás que en ese momento te dolió mucho y nunca olvidarás cuán fuerte fue ese dolor, pero al recordarlo no sentirás ese dolor.

He aprendido a perdonar a los que me lastimaron, a tener misericordia y a sentir compasión por los que el mundo considera que no se la merecen, pero sobre todo a perdonarme. Es que la mayor rabia y el mayor rencor lo tenía conmigo, no pude ser más cruel y generar mayores sentimientos de venganza con más nadie, que conmigo.

Aprendí a llevar a cabo todos los sentimientos de rencor y de odio, había aprendido a castigarme de la manera más cruel que lo puede hacer un ser humano, me estaba auto destruyendo inconscientemente, como forma de castigo hacia mí.

He logrado entender que aunque no tuve culpa de hechos que me hicieron sentir culpable, sí fui responsable de algunos, y de los otros soy responsable de cómo me siento al respecto y bajo esa responsabilidad he elegido sentir paz conmigo, porque al perdonarme me libero y puedo ser feliz.

Cuando digo que me libero, digo que todo en mi vida es distinto, que al perdonarme todo en mi vida cambió, mi rostro, mi semblante, mis resultados, absolutamente todo y es que había aprendido a amarme nuevamente, a respetarme, incluso había aprendido a verme en el espejo y sobre todo a admirar lo que veía reflejado en él, cosa que durante años me costó mucho trabajo hacer.

La falta de perdón ata a las personas, te encadena. La falta de perdón es el veneno más destructivo para el espíritu, ya que neutraliza los recursos emocionales que tienes. El perdón es una declaración que puedes y debes renovar diariamente.

Muchas veces la persona más importante a la que tienes que perdonar es a ti mismo, por todas las cosas que no fueron de la manera que pensabas, por las cosas que te permitiste, por lo bajo que caíste. Lo bueno es que siempre estás a tiempo, por lo tanto, perdónate y perdona, no te castigues más, declara perdón en tu vida… La declaración del perdón es la llave de la libertad.

"Perdónate, acéptate, reconócete y ámate, recuerda que tendrás que vivir contigo mismo por la eternidad".
Facundo Cabral

CAPÍTULO 7
TACHADO

Significado de **Tachado:** *Trazar una o más rayas o borrones encima de lo escrito para indicar que se suprime o que no vale.*

¿Sientes que hay cosas que quisieras tachar en tu vida? En la encuesta realizada para la elaboración de este trabajo, el 94% de las personas contestó que quisiera tachar cosas en su vida. Es que a mi entender, la mayoría de las personas tenemos eventos, situaciones, hechos o momentos que quisiéramos que desaparecieran para siempre.

¿Cuántas veces has intentado borrar cosas de tu vida y sientes que has fracasado? Pues bienvenido a la realidad de los seres humanos, pues jamás lograremos borrar los hechos, sólo podemos cambiar la forma en que los vemos y la forma en que nos sentimos al respecto.

Si analizamos el verdadero significado de "tachado" nos damos cuenta que cuando tachamos no necesariamente borramos. Muchas veces pretendemos borrar hechos o sucesos de nuestras vidas y es ahí cuando nos frustramos, dándonos cuenta de que fracasamos en el intento.

Si piensas que pretender borrar un pasado que existe y que no puedes hacer desaparecer es imposible, estás en lo correcto. Es sólo cuando logramos entender y aceptar que debemos aprender de lo escrito y de nuestros capítulos anteriores para pasar a los próximos…, al fin y al cabo la historia la escribiste tú mismo.

Notemos que la palabra tachar, significa que con una raya encima de lo escrito indicamos que no vale, cuando tachamos le quitamos ese valor y energía que única y exclusivamente nosotros le hemos dado a las cosas.

En mi vida he tenido muchos sucesos que tachar, estuve mucho tiempo y dediqué muchos años de mi vida intentando borrar hechos de mi pasado, equivocaciones y errores a mi entender.

Al querer borrar cada uno de esos sucesos me daba cuenta que lo que hacía era pretender hacer desaparecer una realidad que existía y desperdicié mucho tiempo queriendo borrar y olvidar. Bastaba con pensar que ya había olvidado cuando alguien o algo me hacia recordar, sentía frustración al pensar que nunca iba a poder olvidar las cosas que había hecho y con las cuales me sentía tan culpable, pues aunque yo olvidara la gente siempre lo iba a recordar de una forma u otra. No se trata de olvidar las cosas se trata de verlas de un modo de distinto, de verlas como aprendizajes, perdonando y perdonándote.

Con el tiempo, la lectura, talleres, educación y arduo trabajo conmigo misma y por supuesto la ayuda del que yo creo… logré entender que si le restaba importancia a los hechos y le quitaba valor, o sea lo "tachaba", esa bola tan grande que sentía por dentro se iba haciendo más pequeña. Incluso mientras menos valor le iba dando noté que la gente por consecuencia así lo hacía también. Tengo que pensar que esa bola gigante que sentía, yo misma la había creado y era precisamente mi carta de presentación. Imposible que la gente no lo sintiera ni me lo recalcara, si yo misma no podía disimular semejante agonía.

Sabía que había algo muy adentro que no me permitía sentirme completa, ese algo se llamaba PAZ, se llamaba perdonarme a mi misma para sentirme digna de recibir lo que yo me merecía.

El día que logré entender eso, el universo conspiró y finalmente logró enviarme exactamente lo que yo quería para mi vida y a diario agradezco a toda la divinidad existente por haber hecho ese cambio, pues soy bendecida de que finalmente me llegara un hombre maravilloso, que me llena en todos los sentidos, que me enamora todos los días más y sobretodo que me brinda mucha alegría y mucha paz.

Los hechos que han sucedido en mi vida estuvieron, están y estarán siempre escritos en mi historia, pero algunos están tachados por ende no tienen valor y al no tener valor siento paz, mucha paz.

Al tacharlos no significa que los he olvidado, significa que no los tengo presente cuando no me sirven de nada y cuando aportan algo positivo aprendo a verlos como hechos que me han enseñado y llevado a ser la persona que soy hoy…, y créanme que a esa persona la amo mucho, la respeto y le doy mucho cariño, pues es así como he logrado que el mundo, por consecuencia, sienta lo mismo por ella. Sólo amándome permito que otros me amen por igual.

Hay una frase que aplico mucho a mi vida y que me sirve de mucho: "Utiliza la información que te sirve y la que no…deséchala". Esta frase me ha ayudado a recibir críticas y sin tomar nada personal convertirlas en información valiosa para mi crecimiento, haciendo de ellas críticas constructivas.

La realidad es que no siempre la persona que te está dando la información tiene las mejores intenciones; por ende, utilizo la información que me sirve y la que no, me deshago de ella, es como si no lograra entrar en mí.

Para esto tenemos que aprender a ser honestos con nosotros mismos y tener bien claro cuando la información no nos sirve, y cuando no queremos aceptar la información porque nos incomoda, pero si logras entender y aceptar esto, entonces aprenderás a recibir sólo información valiosa para ti.

De la misma forma he aprendido a hacer con los sucesos que quiero tachar de mi vida, he aprendido a utilizar sólo los que me han servido y los que no aportan nada positivo en mi vida, no tienen valor por ende….¡TACHADOS!

Quizás suene más fácil de lo que realmente es para ti, y es completamente normal que pienses que depende de los sucesos o hechos que estemos hablando es más fácil, pero la realidad es que cada persona es un mundo y cada persona crea su mundo en su mente.

Si partimos de que los sucesos que queremos tachar se encuentran en nuestra mente y sólo nosotros controlamos esa mente, entonces entendemos que nosotros tenemos el poder para restarle valor y seguir hacia el próximo capítulo de nuestras vidas. Se trata de ver los hechos y la vida con optimismo.

El optimismo puede definirse como una característica disposicional de personalidad que media entre los acontecimientos externos y la interpretación personal de los mismos. Es la tendencia a esperar que el futuro depare resultados favorables. El optimismo es el valor que nos ayuda a enfrentar las dificultades con buen ánimo y perseverancia, descubriendo lo positivo que tienen las personas y las circunstancias, confiando en nuestras capacidades y posibilidades junto con la ayuda que podemos recibir.

La principal diferencia que existe entre una actitud optimista y el pesimista radica en el enfoque con que se aprecian las cosas. Empeñarnos en descubrir inconvenientes y dificultades nos provoca apatía y desánimo. El optimismo supone hacer ese mismo esfuerzo para encontrar soluciones, ventajas y posibilidades.

En general, parece que las personas más optimistas tienden a tener mejor humor, a ser más perseverantes y exitosos e, incluso, a tener mejor estado de salud física.

De hecho, uno de los resultados más consistentes en la literatura científica es que aquellas personas que poseen altos niveles de optimismo y esperanza (ambos tienen que ver con la expectativa de resultados positivos en el futuro y con la creencia en la propia capacidad de alcanzar metas), tienden a salir fortalecidos y a encontrar beneficio en situaciones traumáticas y estresantes.

"Cuando crezcas, descubrirás que ya defendiste mentiras, te engañaste a ti mismo o sufriste por tonterías. Si eres un buen guerrero, no te culparás por ello, pero tampoco dejarás que tus errores se repitan."
Paulo Coelho

CAPÍTULO 8
PAZ

Significado de **Paz**: *Situación en la que no hay guerra ni enfrentamientos entre dos o más países o partes enfrentadas Situación de tranquilidad y buena relación entre los miembros de un grupo. Tranquilidad o silencio*:

¿Te gustaría vivir en armonía con el mundo? En la encuesta realizada el 99% de las personas contestó que les gustaría estar en armonía con el mundo. Para estar en armonía con el mundo, debemos estar en armonía y en paz con nosotros mismos.

No podemos olvidar que somos fuente, no podemos dar a otros lo que no nos damos a nosotros mismos, no podemos sentir por otros lo que no sentimos por nosotros mismos, de ahí aquella frase (una de mis favoritas) "No somos capaces de ver en otros lo que no vemos en nosotros mismos".

Considerando que un 99% de las personas añoran vivir en armonía con el mundo, entonces por qué no comenzar por la base de todo, nosotros.

Si analizamos que entre los significados de paz nos indican ser situaciones donde no existen conflictos y existe tranquilidad y silencio, entonces para llevar a cabo tener paz espiritual debemos mantener una actitud de sosiego y serenidad dentro de nosotros.

Debemos tener claro que la paz espiritual llega cuando entendemos que lo importante es lo que somos y no lo que tenemos, llegando a lo más profundo de nosotros mismos, de nuestro verdadero Yo.

La mayoría de las personas viven fuera de ellas mismas dándole importancia a lo superficial, sin darse cuenta que eso a lo que los lleva es a estar constantemente en busca de nuevas sensaciones, sensaciones que le llenen y encontrándose con un vacío que logra la total infelicidad y falta de libertad.

La paz espiritual no se puede lograr cuando tenemos enfrentamientos con nosotros mismos. La paz espiritual es un estado el cual puede ser alcanzado a través del equilibrio.

Cuando emprendemos el camino hacia la superación y la transformación, uno de los primeros descubrimientos que hacemos es la guerra que mantenemos con nosotros mismos. Ese enojo por nuestros errores, resentimiento por nuestras debilidades, esa resistencia a hacer realidad nuestros mayores sueños y por ahí una infinidad de sentimientos. Queremos progresar en todas las áreas de nuestra vida, pero no estamos dispuestos a pagar los precios.

La paz personal es ese sentido interior, ese estado de bienestar emocional y espiritual, esa tranquilidad profunda que nos llega cuando somos capaces de desconectarnos de los pensamientos inquietantes, inútiles o amenazantes, y llegamos a comprender de qué se trata la vida realmente.

La paz es el sentimiento bien fundado y de unión que tenemos cuando nos liberamos de las preocupaciones, el sufrimiento, el dolor, el estrés y el miedo y somos conscientes de las incontables maravillas que nos rodean, y de las bendiciones que la vida nos ofrece.

La paz interior es el conocimiento de que todo está bien, la compresión de que todo está bajo control, aun cuando nuestro mundo parezca estar de cabeza.

La paz interior se convierte en una realidad cuando trasladamos nuestro centro desde los problemas que no podemos resolver hasta una visión más amplia de compresión del porqué. En este traslado, dejamos caer la tristeza y las preocupaciones y la dicha que queda es la paz.

Si queremos recorrer con éxito el camino que nos lleva a la paz interior, tendremos que deshacernos de algunos de los obstáculos personales que nos detienen, siendo el miedo al futuro y las lamentaciones por el pasado los principales y más comunes.

El viaje completo a la paz interior significa que también tenemos que superar los sentimientos de envidia, la impaciencia, la terquedad, la hostilidad, la rigidez y la desconsideración.

Debemos recorrer el camino con un preciso cuidado de la percepción que tenemos de lo que es la verdadera felicidad y la paz interior. Estamos muy acostumbrados a dejarnos llevar por lo que la sociedad y los medios nos han enseñado, de que primero tenemos que tener antes de ser, no importa si para conseguirlo tenemos que sacrificar hasta nuestros propios valores, nuestras familias, nuestros seres queridos. ¿De qué sirve tener éxito si nuestras relaciones con los que amamos no están al 100%? Cuando trabajamos desde nuestro Yo interno, conectando con nuestro corazón y lo que realmente queremos es cuando gozaremos del verdadero éxito.

El verdadero éxito no depende de de la aprobación de otros, del reconocimiento, del que dirán, ni de tus riquezas, el verdadero éxito consiste en sentir armonía y paz interior.

He aquí una historia que leí, la cual me llamó mucho la atención y explica claramente como a veces tenemos todas las herramientas para ser felices y pensamos que es más complicado de lo que realmente es……

Un rico empresario de Estados Unidos fue a pasar sus vacaciones a pescar a una tranquila laguna en México, en la cual se encontraba plácidamente pescando un hombre del lugar, con sus hijos alegremente jugando alrededor y su amorosa esposa preparándole la comida.

Todos se veían muy felices, aunque eran muy pobres.

Y el estadounidense, dándose cuenta de la pobreza de aquel hombre, se le acercó y le dijo: "Oye, ¿no te gustaría ganar más dinero, ser rico?", a lo cual respondió el pescador: "Bueno, ¿de qué me serviría ser rico?", a lo cual respondió el otro: "Bueno, al principio tendrás que trabajar muy duro, pero después podrás juntar y comprar una grande y hermosa casa, comprarte todas las cosas que tú quieras, y retirarte de trabajar. ¡Y entonces podrás dedicarte a hacer lo que más te gusta, y disfrutar de tus hijos y tu esposa!", a lo cual el pescador, con aire suspicaz, le respondió: "¿Pues no es eso lo que estoy haciendo ahora?".

Por eso es importante volver a lo básico, a lo elemental y a lo simple. Aprender a valorar las cosas pequeñas y simples que la vida te regala, pues no sabes si mañana puede ser demasiado tarde para volver y darte cuenta que esas cosas pequeñas eran las más grandes.

Para recorrer el camino hacia la paz interior debemos aprender lo que es la meditación y practicarla. Para fortalecer tu mente debes trabajar la meditación, la contemplación y la visualización creativa, ya que ellas te ayudarán a reemplazar conscientemente los pensamientos negativos por positivos, comenzando de esta forma a ser tú quien maneje tu inconsciente.

La meditación es una manera excelente de desarrollar la conciencia en todas las áreas de la vida. Pero es fundamental para alcanzar la paz interior y para conservarla.

Cuando nos atrapan las preocupaciones, o las actitudes de ataque o defensa, estamos alejándonos de nuestras posibilidades de alcanzar ese bienestar llamado paz.

La meditación nos ayuda a trasladar nuestra atención al momento presente y al control de nuestra mente y de nuestro espíritu. Nos vuelve a traer presentes, podemos soltar nuestras preocupaciones y estar abiertos.

El camino de la reflexión y la meditación nos lleva a una nueva perspectiva. Nos damos cuenta de que nuestros conflictos interiores no son eternos.

Dentro de cada uno de nosotros se encuentra el origen de todos nuestros sufrimientos, de todas nuestras desdichas, de todas nuestras frustraciones.

Y sólo nosotros mismos tenemos la oportunidad extraordinaria de liberarnos de esas sombras que habitan desde hace mucho tiempo en nuestro interior.

Cuando sepamos lo que somos, estaremos en el camino de la paz. Cuando comencemos a conocernos en verdad, estaremos transitando por el camino de la espiritualidad.

La energía que alimentó antes nuestra lucha interna puede ser utilizada ahora para vivir creativamente. Con la práctica, nos volveremos centrados y serenos y estaremos preparados, recargados y renovados para enfrentar el mundo.

La paz personal nos llena de energía. Nuestro aumento de energía física y espiritual es consecuencia de nuestro descubrimiento de la paz interior. Y su empleo más efectivo significa que tenemos menores probabilidades de derrochar sus recursos en preocupaciones, lamentaciones, culpabilidades e indecisiones. Este es un paso gigante hacia la paz interior y al nivel espiritual más elevado.

Cuando avanzamos por el camino de la paz interior ésta nos ayuda a convertirnos en verdaderos pacificadores; cuando producimos la serenidad en nuestras almas. Entonces nos llenamos de un poder positivo, de un espíritu que nos carga de energía y cuando esa energía se utiliza para el bien, aumenta, satisface todas nuestras necesidades y fluye para poder regalársela a otros.

La paz interior, la paz personal, puede traer al mundo la armonía duradera.

En realidad, la vida se trata de cosas sencillas, es la simpleza de la vida la que cambia nuestro mundo. La búsqueda consciente de la paz es una de ellas. Si nos tomamos en serio la búsqueda de la paz interior nos convertiremos en libertadores. Al fin y al cabo esa paz interior es la que nos lleva a ser seres libres.

Libérate y vive en armonía.

*"No es más rico el que más tiene,
sino el que menos necesita"*.

San Agustín.

CAPÍTULO 9
TACHA Y VIVE EN PAZ

Vamos por la vida ausente, hacemos responsable de nuestra felicidad a la idea de que todo será perfecto aquel mágico día cuando lo que soñamos y deseamos se haga realidad. ¿Cuánto tiempo más estás dispuesto a desperdiciar? Necesitas ser feliz entre pequeños momentos y pequeños detalles, no permitas que los "luego" o los "mañana" te atrapen, valora cada momento, perdona y perdónate, valora esas pequeñas cosas, no esperes que sea demasiado tarde, no permitas que la muerte llegue y te encuentre encadenado.

He aquí un listado de herramientas que me han servido en el camino hacia la paz, espero que las pongas en práctica y te sirvan como a mí, para tu camino hacia la libertad.

Cuenta tus bendiciones y da gracias

Haz el ejercicio de escribir en un papel 100 bendiciones. Cuando comiences pensarás que 100 bendiciones es mucho, pero te sorprenderás de que cuando llegues al 100 aun puedes seguir escribiendo, cuéntalas todas, cuando digo todas, digo todas: cada órgano de tu cuerpo que funciona, cada ser humano que amas, los que tienes vivos porque están, los que no por el tiempo que te regalaron, cada virtud que tengas, cada talento, cada oportunidad, cada amigo, si tienes donde dormir, etc, etc… Cuando termines el listado, te quedarán pocas razones para quejarte sabiéndote tan bendecido. Piensa en todo lo bueno que hay en tu vida y di, "GRACIAS".

Escribe una carta

Si tienes algún conflicto con alguien o sientes que hay cosas que quisieras decirle a esa persona y no lo has hecho, o por falta de contacto con esa persona, o porque la persona ya no está, escríbele. Al escribir se libera mucha de la energía que tenemos guardada, notarás que al escribir transferirás miles de bytes que están ocupando tu mente y que no te permiten concentrarte en las cosas que si lo requieren. El papel lo aguanta todo, serás capaz de expresar todo lo que sientas sin ningún tipo de interrupción, ni mucho menos de juicio. Si tienes que escribir una carta diaria no importa, ni la cantidad de cartas ni a la cantidad de personas, hazlo verás lo bien que se siente. La carta no tienes que enviarla, muchas veces el escribirla te dará igual o mejor sensación que si la enviaras, lo importante no es lo que sienta la persona que la lea, lo importante es cómo te sientes tú después que la escribes, recuerda que siempre se trata de ti.

Invierte tus quejas por agradecimientos

Agradecer debe ser lo primero que hagas desde que abras tus ojos en la mañana (o a la hora que despiertes). Comienza tu día con una sonrisa, cuando vayas a darle comienzo a cualquier tarea, empieza por agradecer, desde el simple hecho de despertar, la vida es un regalo, el simple hecho de poder tener un día más para vivirla debe ser motivo de agradecimiento. Cambia tus quejas por agradecimientos, de cada queja surge algo que agradecer. La próxima vez que vayas a un centro comercial y te molestes porque no hay estacionamiento cerca, agradece que no tengas necesidad de tener un sello de impedidos en tu carro y que cuentas con tus dos piernas, primero para manejar, y segundo, para caminar. Te aseguro que los que estacionan cerca (estacionamiento de incapacitados), quisieran poder estacionar lejos y no ser impedidos o tener hijos impedidos. Siendo agradecido notarás que cada día la vida te regalara mayores razones para agradecer.

Para y mira a tu alrededor

La mayoría de las veces simplemente no nos damos cuenta de lo que pasa a nuestro alrededor porque vamos por la vida ausentes y lejanos de lo que estamos viviendo, es importante que estés, mira la gente, si algo se le cae a alguien, recógeselo, si un anciano necesita ayuda, dásela, si no tienes tanta prisa y puedes dejar pasar en la fila al de atrás tuyo que sólo tiene una cosa para pagar, hazlo pasar, da paso en la carretera, si la cajera te devuelve dinero de más, regrésalo. Te darás cuenta a cuanta gente le logras una sonrisa en su cara, sonrisa que recibes tú mismo de vuelta.

Silencia de vez en cuando tu mente

Préstale atención a los pequeños detalles, decide estar completamente presente durante actividades que considerarías sin importancia, como lavarte las manos, o subir unas escaleras, siente cada una de las sensaciones que cada actividad te presenta silenciando tu mente y enfocándote solamente en lo que tu cuerpo está sintiendo, si te estás lavando las manos. SIENTE como el agua recorre tu piel, repite estos pequeños ejercicios diariamente y poco a poco empezarás a tomar el control de tu mente. Con práctica te darás cuenta que cada vez más seguido puedes experimentar esos espacios entre pensamiento y pensamiento, disfruta de esos espacios cada vez que puedas, y te darás cuenta como tu productividad se incrementa, y de hecho tu nivel energético aumenta considerablemente

Haz lo que amas hacer

Es importante que las decisiones que tomes en tu vida sean las que a ti y únicamente a ti hacen feliz. Muchas veces vivimos para complacer a los demás, tenemos el trabajo que la gente entiende que es bueno, estudiamos lo que a nuestros padres complacen, nos casamos con quien entendemos que debemos y como éstas, muchas otras decisiones que no son tomadas necesariamente partiendo desde nuestro corazón, vive haciendo lo que tú y únicamente tú amas hacer sin importar lo que piense nadie, vive con quien tu quieres vivir, estudia lo que tu amas investigar y trabaja en lo que realmente te da placer, haciendo lo que queremos es la única forma de estar felices a plenitud, sabiendo que cada día es una bendición porque somos felices con lo que hacemos. Cuando haces lo que amas y lo que te apasiona, te brindas mayores posibilidades de ser el mejor en lo que haces y sin duda mayores posibilidades de éxito.

Ten contacto con la naturaleza

Busca el tiempo para estar en contacto con la naturaleza, ya sea el mar, sentarte bajo la sombra de un árbol, un atardecer, la nieve, la lluvia, un poco de sol, un poco de aire fresco, lo que sea que tengas más accesible, pero busca el tiempo de parar y admirar en detalle la naturaleza. Analiza lo increíble de cada parte de la misma, al menos para mí suele ser relajante sentarme a analizar lo increíble de la caída del sol, como va cambiando el color del cielo, el reflejo en todo lo que ilumina como se convierte el día en noche.... Si tienes la oportunidad de hacerlo parando tu mente y concentrándote únicamente en el suceso que estás apreciando, notarás como tu cuerpo y mente se relajan, algo muy necesario para adquirir nuevas energías, vigorizarte y nutrir el alma.

Relaciones de amor y de paz

Construye relaciones de amor, de respeto, de valor y verás que por consiguiente son relaciones de paz. Cuando hablo de relaciones me refiero a todas las relaciones: tu relación de pareja, con tus hijos, con tus padres, con tus hermanos, con tus amigos, en tu trabajo, en la sociedad, asegúrate que te paras a mirar cómo están tus relaciones y te darás cuenta que siempre hay alguna que se puede mejorar. Cuando estamos en paz con nosotros estamos en paz con el mundo, procura mejorar cada relación de tu vida, sobre todo aquella que tienes con las personas que amas.

Sé honesto, comprensivo, abierto, misericordioso, amable, amoroso y respetuoso con las personas que amas. Déjales saber cuánto los amas, nunca está de más enviar un mensaje de amor, una notita, una llamada sólo para dejarle saber qué piensas en ellos y que los quieres. A nadie le desagrada escuchar un te quiero ni cuán importantes son en tu vida. Nunca es demasiado.

Aprende a perdonar, a no juzgar, a ser humilde y si asumes esta manera de ser, te aseguro que será bien difícil que no tengas relaciones de amor y de paz.

Saca lo que no aporta a tu vida

Si tienes personas que no aportan nada positivo a tu vida, elimínalas. Muchas veces por pena o por las razones equivocadas mantenemos a nuestro lado o nos rodeamos con personas que su energía no aporta nada a nuestras vidas, que por el contrario sin darnos cuenta nos atrasan. Esto puede ser desde la pareja que tienes como alguna amistad o familiar. Lo que no aporte nada positivo debes deshacerte de ello. Si estas personas son algún familiar, por lo que no puedes eliminarlo de tu vida, evita contagiarte de esa energía, cuando converses con esa persona mantén bien presente el control de tu mente para que no te contagie su energía y de ser una persona que realmente te quita, sácala de tu vida.

<u>Mantén tu templo y tu persona limpio y organizado</u>
El lugar donde vives, el auto en el que te transportas, tu oficina, cualquiera que sea el lugar que te representa, y tu persona, mantenlo limpio y organizado. Si tu vida y tu interior no están en orden, se ve reflejado en ti y en tus alrededores. En lo que puedas, organiza tus cosas, date cariño a ti mismo, consiéntete. Decora tu casa y tus alrededores con los colores que más te agra-

dan. Tu casa es tu templo, es tu espacio, no importa cuán grande o pequeño sea, asegúrate que te agrada mirarlo, que cuando entras en tu sitio te da la sensación de paz y tranquilidad. Cuando las cosas las tenemos en orden, nos evitamos otras situaciones y cuando nos vemos bien nos sentimos mejor. Si nuestro alrededor nos agrada estaremos llenándonos de mayor energía positiva, asegúrate que todo tu entorno te brinda paz y energía positiva.

Encuentra tiempo contigo mismo a solas… medita

Busca al menos un momento en el día donde estés solo, puede ser cuando te estés bañando o cualquier momento en que tengas la oportunidad de estar a solas, pero es importante tener conversaciones contigo a diario. Respira profundo, varias respiraciones profundas y lentas ayudan a oxigenar mejor la sangre y despiertan el cerebro. Medita, analiza tus pensamientos, analiza tu día, tu vida. Mientras más lo hagas, más te conocerás y más rápido llegarás a trabajar sólo para ti y tus metas.

Ejercita tu cuerpo y tu mente

En la medida que puedas ejercita tu cuerpo, esto es de gran poder para la mente, camina, corre, baila…., lo que sea más accesible y fácil para ti, pero sobre todo lo que más disfrutes hacer. El ejercicio debe ser una forma de relajarte, el que sea que elijas tiene que ser un momento que disfrutas y no que haces porque entiendes que es lo correcto, busca algo que realmente disfrutes hacer y te aseguro que lo harás más corrido. Pero es importante que el cuerpo se mueva para ejercitar la mente.

<u>Pide antes de dormir</u>

Cuando ya estés en tu cama, en silencio, pídele a lo que tú creas, como le llames a eso que crees no es lo que importa, lo que importa es la fe y convicción con la que pides, dependiendo de cuán convencido estés de que se te dará, así serán las posibilidades de que ocurra. Pide confiando en que lo que estás pidiendo ya es un hecho, confiando en que una vez suplicado será concedido. Visualízate con esa súplica ya contestada y duerme con la tranquilidad de que así será. Te aseguro que dormirás mucho más tranquilo sabiendo que lo que pediste, es un hecho.

<u>Mide tu vocabulario</u>

Para darnos cuenta de cuánto control tenemos sobre nuestra mente lo primero que tenemos que hacer es escuchar nuestras palabras. ¿Qué sale de nuestra boca?, ¿cuáles son las expresiones que haces?. Asegúrate que lo que declaras constantemente es positivo y de que eres específico con lo que dices que quieres. Si necesitas abundancia en tu vida no le digas a tu mente que no quieres ser pobre, pide positivo, declara abundancia y riqueza, a veces la mente nos traiciona y se nos olvida que el universo sólo escucha y obedece a lo que tú pides.

Perdona

Asegúrate que en tu cuerpo, en tu mente, en tu ser, no cabe la palabra rencor, que eres libre de cualquier sentimiento de atadura. Perdona a los que te han herido y perdónate a ti mismo por lo que ya pasó, ve por la vida libre, no perdonar a quien único hiere y atrasa es a ti. El perdón te brinda el sentimiento de libertad, y si sientes libertad vivirás en paz contigo y con el mundo.

Finalizo con una reflexión que siempre que la leo me obliga a preguntarme, ¿qué estoy esperando recibir de la vida?? Y te dejo con la misma pregunta.

Un hijo y su padre fueron a la cordillera de repente. El hijo se lastima y grita: ¡Aaahhh!!!; para su sorpresa oye una voz repitiendo en algún lugar de la montaña: ¡Aaahhh!!! Con curiosidad el niño grita: "¿Quién está ahí?" Recibe por respuesta: "¿Quién está ahí?" Enojado con la respuesta, el niño grita: "¡Cobarde!!!", y recibe de respuesta: "¡Cobardeeee!!! El niño estaba asombrado, pero no entendía. El niño mira a su padre y le pregunta: "¿Qué pasa, papá?" El padre sonríe y le dice: "Hijo mío, presta atención" Y entonces el padre grita a la montaña: "¡Te admiroo!!!" Y la voz le responde: "¡Te admirooo!!!" De nuevo, el hombre grita: "¡Eres un campeón!!!" Y la voz le responde: "¡Eres un campeón!!!"

El niño estaba asombrado, pero no entendía. Luego, el padre le explica:

"La gente lo llama eco, pero en realidad..., ¡es la vida!"

Te devuelve todo lo que dices o haces. Nuestra vida es simplemente un reflejo de nuestras acciones. Si deseas más amor en el mundo, crea más amor a tu alrededor. Si deseas felicidad, da felicidad a los que te rodean. Si quieres más sonrisas, da una sonrisa a los que conoces. Esta relación se aplica a todos los aspectos de la vida. La vida te dará de regreso, exactamente aquello que tú le has dado. Tu vida no es una coincidencia, es un reflejo de ti.

Alguien dijo: Si no te gusta lo que recibes de regreso, ¡revisa muy bien lo que estás dando!

Deja los rencores, el orgullo, la rabia, la tristeza, la frustración y todos esos sentimientos que hasta hoy te han mantenido preso. De esa forma ya estás acostumbrado a vivir y te has vuelto un experto. Ya te diste cuenta que vivir de esa forma no te ha dado los resultados que tú quieres, entonces intenta por primera vez en tu vida de hacer algo distinto. Sólo haciendo cosas distintas y nuevas, tendremos resultados distintos y nuevos.

Aprende a vivir la vida. Nadie dijo que la vida era fácil, sólo vale la pena vivirla…, disfrútala, tacha tu pasado y vive en paz hoy.

SÉ FELIZ AHORA.

De hoy en adelante repítete a ti mismo:

¡TACHADO Y EN PAZ!

Referencias bibliográficas

1. El Poder de la mente subconsciente (Joseph Murphy)
2. Coaching para el éxito (Dale Carnegie)
3. Coaching con PNL (Joseph O'Connor & Andrea Lages)
4. La Inteligencia Emocional (Daniel Goleman)
5. El Guerrero de la Luz (Paulo Coelho)
6. Los Cuatro Acuerdos (Miguel Ruiz)
7. http://es.thefreedicitionary.com
8. http://www.slideshare.net/JeSvS/las-4-clases-de-perdon-7504483
9. http://www.slideshare.net/Euler/mente-humana-presentation

10. http://www.articuloz.com/espiritualidad-articulos/paz-espiritual-como-obtener-paz-espiritual-en-7-pasos-944192.html
11. http://www.proyectopv.org/1-verdad/pazinterior.htm
12. http://www.actosdeamor.com/rencor.htm
13. http://www.sermasyo.es/articulos/otros/por-que-tenemos-que-perdonar/
14. http://www.vidahumana.org/vidafam/violence/perdonate.html
15. http://www.suite101.net/content/como-aprender-a-olvidar-el-pasado
16. http://www.psicologia-positiva.com/2009/12/inteligencia-emocional/

17. http://www.scribd.com/doc/6714817/PNL-Para-Triunfar-en-La-Vida-Ejercicios-Practicos
18. Revista Natural Awakenings (Noviembre 2011) –Articulo "El narcótico del éxito" (Jaime Jaramillo "Papa Jaime")